AF247905

GÉNÉALOGIE

L'UNE DES BRANCHES DE LA FAMILLE

DE L'HOPITAL

(D'AUVERGNE)

CLERMONT-FERRAND

TYPOGRAPHIE FERDINAND THIBAUD, LIBRAIRE

Rue Saint-Genès, 8-10

1863
1864

AVERTISSEMENT

La présente Généalogie se compose d'une suite de pièces authentiques, établissant d'une manière incontestable la descendance qu'on a l'intention de prouver. Ces pièces, telles qu'elles sont, ont toutes été tirées des archives domestiques de celui qui écrit ces lignes, arrière petit-neveu par sa mère de l'illustre chancelier de l'Hôpital. On s'est contenté, pour ne pas grossir inutilement ce volume, d'insérer les seuls titres rigoureusement nécessaires pour faire la preuve dont il est question ; on verra que la plupart ont la forme d'expéditions authentiques récemment faites, portant les signatures de notaires ou d'officiers de l'état civil, ainsi que de présidents de tribunaux civils ou de juges de paix encore vivants ; en voici la raison : les archives de la famille de l'Hôpital ayant été complétement détruites par les vicissitudes du temps, l'auteur de cet Avertissement, les a reconstituées aussi complétement qu'il l'a pu, par une foule de recherches qu'il a faites dans les dépôts publics de toutes sortes, et même dans des dépôts privés ; par là s'expliquent toutes les copies authentiques qu'on va lire ; elles sont le résultat de ces recherches. Une seule de ces pièces n'a point de légalisation officielle et moderne : c'est la grosse originale d'un contrat de mariage sur parchemin entre François de l'Hôpital et Etiennette de Renguy : elle est telle dans les archives de l'auteur. C'est pour cela que plusieurs autres actes dont l'authenticité est formelle et relatifs au mariage de François de l'Hôpital avec Etiennette de Renguy ont été ajoutés pour corroborer la teneur de ce contrat.

Pour ce qui regarde les cinq premières générations, on s'est borné à produire ici un arrêt du Conseil d'état de 1643, qui les mentionnent toutes, parce qu'il a une force probante suffisante à défaut d'autres titres, et qu'il présente l'avantage de résumer en peu de lignes toutes les autres preuves qui pourraient être, sans cela, exigées.

L'orthographe des noms, lors même qu'elle est irrégulière, et le style de chaque époque, ont été religieusement conservés, tels qu'on les voit dans les originaux ou les expéditions.

Enfin, cette Généalogie s'arrête au père et à la mère de celui qui a signé cet Avertissement de ses initiales, et qui n'a pas jugé à propos de joindre ici les pièces le concernant, vu la facilité qu'il aurait de les rapporter s'il le fallait.

P. D. L.

20 novembre 1863.

DIRECTION GÉNÉRALE DES ARCHIVES DE L'EMPIRE.

SECTION ADMINISTRATIVE.

Arrêt du Conseil d'Etat du 14 mars 1643. — Sur la requeste présentée au Roy en son conseil par Gilbert de Lhospital, seigneur de la Roche de Montbardon, contenant qu'encores qu'il soit gentilhomme de naissance et d'extraction illustre, que luy et ses ancestres ayent toujours vescu noblement et servy sa Majesté et les rois ses prédécesseurs aux guerres dans les armées et en la paix dans les provinces et auprès de leurs sacrées personnes avec des emplois très-honorables, jouy par temps immémorial des priviléges, exemptions et immunités accordées par les édicts au corps, néantmoins le sieur Dupré, intendant de justice en la généralité de Molins, procédant avec les autres commissaires au département des tailles en l'élection de Gannat l'auroit sans cognoissance de cause et par l'induction des esleus de Gannat ses ennemis jurez taxé à la somme de quatre cent livres par la commission envoyée en la paroisse de Chaptuzat, de quoy ledit supliant ayant faict sa plainte auxdits sieurs commissaires et présenté requête justificative de sa qualité et desdits services, lesdits sieurs l'auroient renvoyé audit sieur Dupré lequel n'a voulu aucunement ouïr ledit supliant, ni prendre cognoissance de la justice de sa plainte et d'autant que par les pièces justiffiées par ledit supliant, il appert qu'il est fils de messire Michel de Lhospital chevalier seigneur de la Roche de Montbardon maître d'hostel et gentilhomme ordinaire de la chambre de sa Majesté, qu'il est petit-fils de messire Pierre de Lhospital qui avoit les mesmes qualitez et celle de capitaine et gouverneur du duché de Mercœur et avoit présidé à ladite noblesse aux Estats de Gévodan et Languedoc, et outre ce estoit frère du sieur de Lhospital chancelier de France, grand oncle du supliant qui est arrière petit-fils de messire Jean de Lhospital aussy chevalier seigneur de la Roche, trésorier général des finances de l'empereur Charles-Quint, et depuis gentilhomme ordinaire de la chambre du Roy François premier, qui est encore plus arrière petit-fils d'un autre Charles de Lhospital, escuyer seigneur de la Roche, conseiller des sieurs duc et duchesse de Lorraine, qu'il est le chef de la famille et des armes de Lhospital qui est cognue depuis plus de quatre cens ans sans avoir dégénéré ny en aucune mésalience; que par ses mères, qu'il est issu et allié des familles Duprat, de la Guiole, de Robertet, de Villeroy, de Palerne, de Seriers, de Chalnon, de Marillac et Daugier, que lui mesme a espouzé damoiselle Jeanne de Boisredon fille du baron du Puy Saint-Grumier, toujours vescu annoblement et servy dans les dernières occasions, après avoir porté les armes pour Sa Majesté près de vingt-cinq ans sans discontinuation, qu'en effect ladite vexation luy a esté suscitée par lesdits esleus en haine de ce que le supliant a assisté d'argent et d'instruction les sieurs de la Chappelle qui leur ont faict faire le procès pour les concussions par eux commises, requéroit le supliant qu'il pleust à Sa Majesté ordonner qu'il jouira toujours comme par le passé des priviléges attribués aux gentilshommes, et ce faisant, qu'il sera et demeurera deschargé de ladite taxe de quatre cens livres, et qu'icelle sera rayée desdits roolles et commission, avec deffense aux receveurs des tailles, scindic de la paroisse et tous autres de s'en aider, à peine de mille livres d'amende, despens, dommages et intérests. Veu par le Roy en son conseil ladite requeste, transaction du cinq janvier mil cinq cent quarante-six passée entre noble homme messire Michel de Lhospital conseiller au parlement et Damoiselle Marie Morin sa femme d'une part, et noble homme Pierre de Lhospital, escuyer, gentilhomme ordinaire de la maison du sieur duc de Lorraine d'autre pour raison de la donation faicte par feu noble seigneur Jean de Lhospital leur père, vivant sieur de la Roche, de ladite terre de la Roche audit Michel de Lhospital, en faveur de son mariage avec ladite damoiselle Morin, accord faict entre messire Michel de Lhospital, chancelier de France et ledit sieur de la Roche son frère à cause des biens délaissez par le feu sieur abbé de Saint-Vaas leur frère du vingt-quatre novembre mil cinq cent soixante-sept, brevet de retenue, en la personne de Michel de Lhospital sieur de la Roche en la charge de conseiller et maître d'hostel ordinaire de Sa Majesté au lieu dudit feu Pierre de Lhospital son père, du seize may mil cinq cent quatre-vingt trois, brevet du Roy du 12 juin mil cinq cent soixante-trois, par lequel il promet à Pierre de Lhospital, en considération de ses bons et agréables services, de le gratiffier du premier estat et office de conseiller et maître ordinaire de son hostel qui viendroit à vacquer, autre brevet du don faict par sadite Majesté audit Pierre de Lhospital de ladite charge de conseiller et maître d'hostel ordinaire, au lieu et place du sieur de Lorigny du quatre juillet audit an. Autre brevet du neuf octobre mil cinq cent soixante et dix, par lequel le Roy auroit accordé qu'advenant le déced dudit feu sieur de la Roche, le sieur de Palerne l'aisné, son beau-frère fût pourveu dudit office de conseiller et maître d'hostel ordinaire que possédoit ledit sieur de la Roche, lettre de cachet du Roy Henry audit sieur de la Roche pour se rendre auprès le sieur Grand Prieur lors de la prise de possession de son gouvernement du dix-neuf juin mil cinq cent quatre-vingt-dix, coppie d'un contrat de mariage d'entre noble homme Pierre de Lhospital et damoiselle Marguerite de Brivon du vingt-sept octobre mil cinq cent cinquante et un. Autre contrat de mariage de Michel de l'Hospital avec damoiselle Jacquette Auger fille de feu Anthoine Auger et de damoiselle Marie de Chalnon du treize septembre mil cinq cent quatre-vingt-trois, coppie d'un contrat de mariage dudit supliant avec damoiselle Jeanne de Boisredon fille de Jean Matellin de Boisredon, escuyer sieur et barron du Puy Saint-Gulmyer, seigneur de Chaslus et autres lieux du quatorze juin mil six cent trente-deux, Mandement dudit sieur Dupré et autres auxdits esleus pour imposer en leur eslection les sommes mentionnées par iceluy desquelles ledit sieur de Lhospital payera la somme de quatre cens livres du huit octobre six cent quarante-deux, requeste dudit supliant aux trésoriers de France affin d'estre déchargé de ladite somme de quatre cens livres, en fin de laquelle est leur ordonnance du vingt-huit janvier six cent quarante-trois, par laquelle, attendu que ladite taxe de quatre cens livres a esté donnée par ledit sieur Dupré intendant de justice , ils auroient laissé audit supliant à se pourveoir par devant ledit sieur Dupré, généalogie et armes de la maison de Lhospital, ouy le rapport de ladite requeste, et tout considéré : Le Roy en son conseil ayant esgard à ladite requeste a déchargé et décharge le supliant de ladite taxe de quatre cent livres , ordonne qu'il sera rayé du rolle des tailles. Deffences de l'y comprendre à l'avenir à peine de tous despens, dommages et intérêts.

(Signé :) Seguier, — Bouthillier, — Barillon.

Au-dessous est écrit : Du quatorze mars mil six cent quarante-trois, à Paris.

La présente expédition collationnée et visée par les deux chefs de section dont les signatures sont ci-contre, et par eux trouvée conforme à l'original qui est déposé aux archives de l'Empire, section administrative, sous la série E, n° 178, a été délivrée par nous directeur général desdites archives, pour servir et valoir ce que de raison.

En foi de quoi, nous avons signé ladite expédition, et y avons fait apposer le sceau de la Direction générale des Archives de l'Empire.

Paris, le vingt-quatre décembre mil huit cent soixante-deux.

Le Directeur général des Archives de l'Empire,

Comte de Laborde.

Vu et collationné :

Le chef de la section administrative,

Le Mas Latrie.

Vu et collationné :

Le chef de la section législative et judiciaire,

Pour le chef :

Duclos.

Vu et scellé du sceau de la Direction générale des Archives de l'Empire :

Le chef de la section du Secrétariat,

T. Goschler.

(Bulletin 16175).

Extrait *du Registre des actes de naissance de la commune de Chaptuzat, canton d'Aigueperse, arrondissement de Riom, département du Puy-de-Dôme,*

Année 1634.

Le quinzième juillet nasquit entour trois heures après-midi et le dix-neuf du même mois en 1634 fut baptisé François de Lhospital fils à noble Gilbert de Lhospital, écuyer, seigneur de la Roche et Montbardon, et de damoiselle Jehanne de Bosredon ses père et mère. Le parrain a été noble François Bertrand de Bosredon, écuyer, seigneur de Manoux, oncle maternel; et la marraine damoiselle Marguerite Legrouyn aïeulle maternelle, et femme à haut et puissant seigneur Jehan Matelin de Bosredon, écuyer, seigneur du Puy St-Gulmier.

Fait les jour et an,

Au registre ont signé : François de Bosredon et Marguerite Legrouyn.

Pour copie conforme délivrée en mairie à Chaptuzat le 20 juillet 1863.

Le Maire,

DE VERNINES,

Le présent acte ne porte pas de signature du Curé de l'époque, mais il est intercalé au registre entre d'autres actes d'écriture parfaitement semblables, et qui tous sont revêtus de la signature de Banière, curé. (Note du Maire de Chaptuzat.)

DE VERNINES.

Vu pour légalisation de la signature de M. de Vernines, maire de la commune de Chaptuzat, par nous juge de paix du canton d'Aigueperse, le premier août 1863.

SALNEUVE.

Contrat de mariage de Messire François DE LHOPITAL et de Dame Estiennette DE REUGNY.

(Expédition sur parchemin dans les archives de la famille.)

Pardeuant le notaire royal soubzsigné résidant à Sauigny sur Cenne présents les témoins ci-après nommés.

Ont comparu en personnes messire François de l'Hospital cheuallier seigneur de la Roche et de Belesbat, fils de deffunct puissant seigneur messire Gilbert de l'Hospital viuant aussy seigneur de la Roche, Montbardon et autres lieux et de dame dame Jeanne de Bosredon demeurant en son chasteau de l'Hospital parroisse de Chatuzat dio-cèze de Clermont pays d'Auuergne de présent en ce lieu agé d'ans et uzant de ses droits d'une part, et dame Estiennette de Reugny dame de Reuilly et autres lieux fille d'hault et puissant seigneur messire George de Reugny cheuallier seigneur du Tramblay Poussiry et autres lieux et de dame dame Julite de Saulieu présente ses père et mère et vefve de messire Hector de Serotz uiuant cheuallier seigneur d'Esbiez capitaine dans le régiment d'infanterie du roi demeurant au Péage paroisse de Digoins d'autre part, les-quelles parties d'une part et d'autre surement de leurs bons grés et bonnes volontés par l'aduis conseil et délibération de plusieurs leurs parens et amis pour ce assemblés : ont faict le traité et convenances du mariage et association de communauté, en la manière qui ensuit à savoir que les ditz seigneur de l'Hospital et dame de Reugny ont promis et par ces présentes promettent de prendre et épouser l'ung l'autre en vray et loyal ma-riage sitost que lung par l'autre en sera requis Dieu et notre mère saincte Eglise catholique apostolique et romaine ad ce consentant et accordant et le dit mariage faict et solennizé en face d'ycelle les ditz seigneur et dame future seront ungs et commungs en tous biens mobiliers fonds meubles et conquetz faicts et à faire et pour cest effet seront confondus en la dite commeunauté tous les biens mobiliers des ditz futurs quelz qu'ils soient en-semble le revenu de leurs immeubles en quelque part qu'ils soient situez et assis et ad-uenant le décedz du dit seigneur futur avant la dite dame future elle aura le choix de prendre le droit de communauté à elle accordé ci-dessus ou y renonsser et en cas de renonciation elle aura le temps de quarante jours pendant lesquels elle vivra aux despens de la dite communauté sans diminution de ses droictz, et lequel choix sera transmissible aux enfans du présent mariage et en cas qu'elle sarreste à ces ditz droictz et conuenances, elle les retirera franchement et quittement de toutes debtes et affaires de la dite communauté et en cas aussy que la dite future décède la première sans enfans le utur rendra aux héritiers d'ycelle, ce qu'il aura receu d'elle ou accause d'elle aussy francs de toutes debtes encore qu'elle y fust obligée sauoir les meubles

six mois après et les immeubles ung an après le dit décès, et en tous les ditz cas la
future aura labitation et jouissance de la maison de la Roche en quoy qu'elle consiste
court basse court jardin, la sarcle de uingt charretées de foing des plus commodes de
la dite maison avec le droict d'uzance dans les boys d'ycelle tant pour son chauffage
que réparations nécessaires auec les meubles qui ce trouueront dans la dite maison lors
du décedz du dit seigneur futur qu'elle prendra par inuentaire à sa caution juratoire pour
ce jouir pendant sa uiduité et sont aussy demeurés d'accord les ditz futures jaçoit il n'y aurait point d'enfans du présent mariage que la dite dame future jouira de la dite maison
et choses ci dessus spéciffiées pendant sa vie : et la dite caution juratoire comme dit est
comme aussy sont encore demeurez d'accord que le filz de la dite dame de son premier
mariage ne pourra prétendre aucung droict de coutume dans les meubles acquetz et
conquetz en leurs retourz faictz et à faire, et a le dit futur d'hoüé sa future en cas d'enfant de la somme de quinze cent liures par chacung an et ou il n'y aurait enfant de la
somme de deux mil liures aussy par chacung an. Et en tous les ditz cas le futur aura par
préciput aduenant le decès de la future provisions de ses armes et chevaux jusques à la
somme de quatre mil liures et la dite future pour ces bagues, joyaux, cheuaux et carosse
jusques à la somme de six mil liures. Le surplus du présent contract non escript sera et
demeurera réglé suiuant la cousthume du Nivernais nonobstant toutes autres cousthumes
et droict escript auxquelles les futurs ont desrogé et desrogent par ces présentes à quoy
et à tout ce que dessus icelles parties se sont respectivement obligéés lung envers l'autre
et pour l'exécution des présentes icelles parties se sont soubsmises à la juridiction de
Saint Pierre le Moustier. Le scel a esté notiffié suivant le dit cas. Ainsy est faict et passé
au dit lieu du Tremblay paroisse d'Izenay après midy l'onziesme jour du mois de décembre l'an mil six cent soixante et seize, présens messire Henry Francois de l'Hospital cheuallier seigneur de Montbardon, *frère dudit futur* (1), messire François de Balorre
cheuallier, seigneur du Deffand et Garna y demeurant, Mre Paul de Maumigny cheuallier seigneur de Riejot et Morand demeurant au dit Riejot parroisse de Champadet et
dame dame Esmée de Marcelange son épouse dame dame Bernard de Balorre dame de
Chantelot y demeurant Mr Pierre lieutenant au bailliage de Limartan juge de la
justice du Tremblay demeurant au dit Sauigny sur Cenne Mr George de Berthelon
praticien demeurant à Pauligny sur Arron, témoins soubs signés avec les parties et ont
signé à l'original des présentes l'Hospital E. de Reugny de Saulieu l'Hospital de Balorre
de Maumigny, Riejot E. de Marcelange Gautherin de Balorre Chantelot P. Pierre de
Berthelon et P. Saugy notaire royal soubz signé.

P. SAUGY.

(1) Et dont l'acte de naissance est ci-après.

Extrait *du Registre des actes de naissance de la commune de Chaptuzat, canton d'Aigueperse, arrondissement de Riom, département du Puy-de-Dôme.*

Année 1643.

Le second jour d'avril 1643 a été baptisé Henry François de Lhospital fils à Gilbert de Lhospital écuyer seigneur de la Roche et Montbardon et de damoiselle Jeanne de Bosredon sa consorte et a eu pour parrain messire Henry Hurault de L'hospital chevalier sire de Bus et seigneur de Bellebat conseiller du Roy en son conseil d'estat et pour marraine dame Renée de Flesselle son épouse et a été porté sur les fonts baptismales au lieu et place desdits seigneur et dame de Bellebat, par noble seigneur François de Bosredon écuyer seigneur de l'Émery oncle maternel et damoiselle Claudie de Lhospital sœur dudit Henry François de Lhospital et fille dudit seigneur et dame de la Roche susnommés et nasquit le sieur Henry François de Lhospital le vingt cinquième août de l'année mil six cent quarante.

Au régistre a signé Bannière curé.

Pour copie conforme délivrée en mairie à Chaptuzat ce 22 novembre 1863.

Le Maire,

DE VERNINES.

Vu pour la légalisation de la signature de M. de Vernines, maire de la commune de Chaptuzat, par nous juge de paix du canton d'Aigueperse, le 24 novembre 1863.

SALNEUVE.

Extrait *du Registre des naissances de la commune de Chaptuzat, canton d'Aigueperse, arrondissement de Riom, département du Puy-de-Dôme.*

Année 1681.

Jean-François DE LHOSPITAL, né le 21 juillet 1681, à Chaptuzat.

Noble Jean-François de Lhospital, fils de haut et puissant seigneur, messire François de La Roche de Lhospital, escuyer et seigneur du lieu de Chaptuzat et autres ses places et de dame Estienette de Reugny du Tramble, sa femme, naquit le vingt-un juillet de l'an mil six cent quatre-vingt-un et fut baptisé le vingt-quatre du même mois, et en fut le parrain, noble Jean-François de Lhospital, chevalier, la marraine dame Marie de Lhospital de Monbardon religieuse de l'ordre de Fontevrault, tenu sur les fonts par mademoiselle Dutou, en présence de Jean Mounier, François Bourrassier et Gilbert Banière, tous laboureurs habitants de Chaptuzat, lesquels n'ont su signer. Le parrain a signé et la marraine n'a su signer ; de ce requis.

Au régistre sont les signatures :

> Le chevalier DE LHOSPITAL, DE LHOSPITAL,
>
> et GÉRAULD, Curé.

Pour extrait conforme, au registre des naissances, délivré, en mairie, à Chaptuzat, par nous de Vernines, maire, le 3 décembre mil huit cent soixante.

> *Le Maire,*
>
> DE VERNINES.

Vu par nous président du tribunal civil de Riom, pour la légalisation prescrite par l'article 45 du Code Napoléon.

Riom, le 15 décembre 1860.   SALNEUVE.

EXTRAIT *du Registre des actes de décès de la commune de Chaptuzat, canton d'Aigueperse, arrondissement de Riom, département du Puy-de-Dôme.*

ANNÉE 1688.

Dame ESPIENETTE DE REUGNY, décédée le 24 juillet 1688.

Dame Estiesnette de Reugny consorte à messire François de Lhospital seigneur de la Roche est décédée le vingt-quatre juillet environ deux heures après minuit et a été enterrée le mesme jour environ huit heures du soir, l'an mil six cent quatre-vingt-huit, en présence de messire Jaque de Chouvigny de Blot, seigneur de St-Agoulin, messire Claude de Réclene, seigneur de Flandre et autres seigneurs.

Au registre a signé :   THAUNAT, *Curé.*

Pour copie conforme délivrée le 20 juillet 1863.

Le Maire,

DE VERNINES.

Vu pour légalisation de la signature de M. de Vernines, maire de la commune de Chaptuzat par nous juge de paix du canton d'Aigueperse, le premier août mil huit cent soixante-trois.

SALNEUVE.

Extrait *du Registre des actes de décès de la commune de Chaptuzat,
canton d'Aigueperse, arrondissement de Riom, département du Puy-
de-Dôme.*

Année 1693.

Messire François DE L'HOSPITAL, décédé 'e 10 septembre 1695..

Messire François de Lhospital, seigneur de la Roche, âgé d'environ soixante ans, est
décédé le dixième, a été enterré le onze septembre mil six cent quatre-vingt-treize, en
présence de messire Jean de l'Hospital seigneur de Barnazat et messire Jacques de
Chouvigny de Blot seigneur de St-Agoulin qui ont signé.

Au registre ont signé :

DE LHOSPITAL, DE CHOUVIGNY et THAUNAT, Curé.

Pour copie conforme délivrée en mairie à Chaptuzat ce 20 juillet 1863.

Le Maire,

DE VERNINES.

Vu pour légalisation de la signature de M. de Vernines, maire de la commune de
Chaptuzat, par nous juge de paix du canton d'Aigueperse, le premier août 1863.

SALNEUVE.

Extrait *des Registres des actes de l'état civil de la commune de Luzillat, canton de Maringues, arrondissement de Thiers, département du Puy-de-Dôme.*

Aujourd'hui treizième juin mil sept cent vingt, après les publications d'un banc de mariage pour premier et dernier avec la rendue de M. le Curé de Chaptuzat du neuvième susdit mois sans qu'il nous aie paru aucun empêchement canonique avec dispense pour le second et troisième banc du neuvième juin mil sept cent vingt, accordé par M. Champflour, vicaire général de monseigneur l'évêque de Clermont avec permission de l'épouser à la chapelle du château de Daire, paroisse de Luzillat, signé Champflour, vicaire général, Morange secrétaire, par Monseigneur, insinué et controlé à Clermont au greffe des insinuations ecclésiastiques, le neuvième juin mil sept cent vingt, signé Morange. Ce mariage a été contracté par paroles de présent entre messire Jean François de Lhospital, chevalier seigneur de Bellebat, fils à deffunt messire François de Lhospital, chevalier seigneur de Laroche et Bellebat, d'une part, de la paroisse de Chaptuzat, avec Éléonore de St-Giron, demoiselle fille à messire de St-Giron écuyer sieur de Tavernolles, de la paroisse de Luzillat d'autre partie, en présence de messire Pierre de St-Giron, écuyer prêtre et curé de Luzillat, messire Jean-Baptiste de St-Giron, écuyer et sieur de Tavernolle, messire Charles de St-Giron écuyer et sieur de Tavernolles qui ont signé à la minute et Jacques Cottier qui n'a su signer, par moi Duchier vicaire.

Pour copie conforme au registre de l'Etat civil de la commune de Luzillat, le 24 juillet 1858.

Le *Maire,*

Robillon.

Vu par nous président du tribunal civil pour légalisation de la signature de M. Robillon, maire.

Thiers, le 25 juillet 1858.   Monteil.

Contrat de mariage de Messire JEAN-FRANÇOIS DE LHOPITAL et de Damoiselle ÉLÉONORE DE SAINT-GIRON.

(Expédition authentique.)

Par devant les notaires royaux en la ville de Maringues,

A esté présent :

Messire François (1) de Lhospital, chevalier seigneur de Bellébat, fils à défunt messire François de Lhospital chevalier seigneur de La Roche Bellébat et autres places et à défunte dame Etiennette Reuny, ses père et mère, majeur de vingt-cinq ans, résidant à Bellébat, paroisse de Saint-Pierre de Chaptuzat, d'une part ;

Et damoiselle Éléonore de St-Giron de Tavernolles, damoiselle fille majeure de défunt Louis de St Giron escuyer, sieur de Tavernolles et de dame Sauret ses père et mère, résidant à Daire paroisse de Luzillat, d'autre part ;

Lesdites parties de leur gré, de l'avis de leurs parents et amis ont délibéré de faire fiançailles célébrer et accomplir mariage en face de notre mère sainte Église, dans le temps qui sera convenu entre eux.

En faveur du mariage ladite demoiselle se constitue en tous et un chacun ses biens meubles immeubles, présens et avenirs et par exprès la somme de quatre mille livres qui lui est due par Jean-Baptiste de St-Giron escuyer seigneur de Tavernolles, son frère, par le partage fait entre eux devant Boudet l'un des notaires.

Et en la somme de trois cents livres à elle donnée par donation entre vifs consentie par messire Pierre de St-Giron, prêtre escuyer, son frère, curé de Luzillat, Reçue par ledit Boudet le vingt-deux décembre dernier ; lesquels biens, ledit seigneur de Bellébat futur époux pourra rechercher recevoir et donner acquit lors de la réception qui seront dotaux à ladite damoiselle future épouse pour lui être restitués le cas arrivant.

Et de la part dudit seigneur de Bellébat il se constitue en tous et un chacun ses biens présents et avenirs.

Ledit seigneur de Bellébat habillera ladite damoiselle future d'un habit de noces suivant sa qualité et lui donnera pour la somme de huit cent livres de bagues et joyaux.

Le survivant des mariés gagnera sur les biens du premier décédé, ait enfants ou non, sans réversion, la somme de mille livres.

---

(1) Il y a une erreur bien évidente relativement au prénom donné au futur dans le présent contrat, c'est Messire *Jean-François* de Lhôpital qu'il devrait être appelé, ainsi qu'il résulte clairement des autres actes qui le concernent, et qu'on verra ci-après ; mais on sait que des erreurs de ce genre sont fréquentes dans les anciens actes.

Il est encore convenu que le survivant des mariés, outre ledit gain mutuel, aura la jouissance des biens du premier décédé pendant la viduité seulement du survivant, et si ladite damoiselle survit elle sera tenue d'entretenir les bâtimens et héritages et payer les charges ; de se charger par inventaire des meubles et effets qui seront délaissés par ledit seigneur de Bellébat pour les remettre en l'état où ils seront lors du convol ou à son décès, en outre, elle recouvrera ses constitutions, bagues et joyaux et gains de survie. — Voulant, au surplus, les parties se régir suivant la coutume générale d'Auvergne.

Et à l'entretenement du tout les parties ont obligé leurs biens.

Fait et passé à Daire dans la maison dudit sieur de St-Giron, située dans la paroisse de St-Denis-Com-Barnazat avant midi, le cinq juin mil sept cent vingt, en présence de messires Henry François de Lhospital chevalier seigneur de La Roche, messire Jean-François de Lhospital, chevalier seigneur de Remilly, frères dudit seigneur de Bellébat; messire François de Lhospital, chevalier seigneur de Montbardon et Courayol, messire Pierre de St-Giron, escuyer prêtre curé de Luzillat, Jean-Baptiste de St-Giron, escuyer, Charles de St-Giron, escuyer seigneur de Tavernolles frères, messire Jean-François Deyssat chevalier seigneur de Monirond, qui ont signé avec les parties.

A la minute sont les signatures qui suivent : de l'Hospital, Bellébat de Lhospital, Éléonore de Tavernollé, de Lhospital, de St-Giron, de St-Giron, de Lhospital, de Lhospital, Sauret-Cohade, Duprat, Deissat, Andrieu et Boudet ces deux derniers notaires.

Controllé à Maringues et insinué le six juin à percevoir vingt-quatre livres.

Signé : Hamel.

L'an mil huit cent soixante le six décembre collation des présentes a été faite par Me Claude-Joseph Goyon, notaire à Maringues soussigné, sur la minute en son pouvoir comme successeur médiat de Me Boudet, notaire royal et détenteur de ses minutes.

L'expédition délivrée à madame Zoé de Lhospital, veuve de La Faye, arrière petite-fille du futur.

Goyon.

Vu par nous président du tribunal civil pour légalisation de la signature de M. Goyon, notaire.

Thiers, 6 décembre 1860.   Monteil.

Extrait *du registre des actes de naissance de la commune de Chaptuzat, canton d'Aigueperse, arrondissement de Riom (Puy-de-Dôme).*

Année 1722.

François DE L'HOSPITAL, né le 6 décembre 1722.

François de Lhospital, fils à messire Jean-François de Lhospital écuyer seigneur de Bellébat et à dame Éléonore de St-Girond sa femme est né et a été baptisé le sixième décembre de l'année mil sept cent vingt-deux, le parrain messire François Montannier, conseiller du roy et advocat général de la duché de Montpensier, et la marraine damoiselle Juliette de Lhospital qui ont signé avec nous le susdit jour et an que dessus.

Au registre ont signé Juliette de Lhopital, Montanier et Nivet curé.

Pour copie conforme délivrée en mairie à Chaptuzat ce 20 juillet 1863.

Le Maire,

DE VERNINES.

Vu pour légalisation de la signature de M. de Vernines, maire de la commune de Chaptuzat par nous juge de paix du canton d'Aigueperse le 1er août 1863.

SALNEUVE.

Extrait *des Registres de l'état civil de la commune de Charnat, canton de Lezoux (Puy-de-Dôme).*

L'an mil sept cent quarante-neuf et le huitième de juillet après avoir publié à notre messe de paroisse le mariage d'entre messire François de Lhospital chevalier sieur de Daire y demeurant de la paroisse de Luzillat âgé d'environ vingt-sept ans, fils à messire Jean-François de Lhospital chevalier seigneur de Bellébat et de défunte dame Éléonore de St-Giron de Tavernolles ses père et mère d'une part, et de damoiselle Magdelaine Bonnet Duverdier demeurant dans cette paroisse fille à messire Jacques Bonnet Duverdier bourgeois et de deffunte dame Elisabeth filliâtre Labêche d'autre part, ayant publié le premier bans le six du présent, les paroissiens ayant été avertis que c'était pour la première et dernière publication les parties ayant obtenu dispenses des deux autres le vingt-six du mois dernier par M. de Champflour vicaire général du diocèse de Clermont qui a signé Champflour et plus bas Morange secrétaire, n'ayant découvert aucun empêchement canonique ni civil tant de notre part que de celle du vénérable curé de Luzillat qui a signé Leclerc le mariage ayant été célébré en notre présence après fiançailles faites le septième du présent et encore en la présence de messire Jean-François de Lhospital chevalier seigneur de Bellébat père, de Joseph Emmanuel Obier de Condat bourgeois habitant de Montfferant, de messire Jacques Bonnet Duverdier père, bourgeois de cette paroisse de messire Jacques-Réné-Bonnet Duverdier frère, bourgeois de la paroisse de Sauzelle, de messire Antoine Debas écuyer seigneur chevalier de la Garde, beau-frère, lesquels avec les parties ont signés avec nous : Lhospital de Daire et autres parents et amis ; Magdelaine Duverdier — Bellébat de Lhospital — Duverdier, Duverdier fils, Debar, Aubier de Condat, Lhospital, Martilliat Henry-Charles, Garderin prêtre-desservant.

Pour copie conforme au registre.

Délivré en mairie à Charnat le onze avril mil huit cent cinquante-huit.

Le Maire,

Chaput.

Vu par nous président du tribunal civil pour légalisation de la signature de M. Chaput, maire.

Thiers, le 18 février 1861.   Monteil.

EXTRAIT *du Registre des actes de naissance de la paroisse de Luzillat, déposé au greffe de la Cour impériale séant à Riom (Puy-de-Dôme).*

L'an mil sept cent soixante-un et le quatre août, *Jean-François de Lhospital* fils légitime à messire François de Lhospital, écuyer, et à demoiselle Marie-Magdelaine Duverdier, habitant au lieu de Sarre (1), paroisse de Luzillat, a été par nous curé soussigné baptisé dans l'église de cette paroisse, né le jour de hier, le parrain a été messire Jean-François de Saint-Giron, prêtre, cousin du baptisé, et la marraine Antoinette de Saint-Giron, demoiselle, sa cousine, qui ont signé avec nous.

Au registre sont les signatures.

Pour extrait conforme délivré par le greffier en chef de la Cour impériale de Riom, dépositaire des minutes de l'ancienne sénéchaussée d'Auvergne.

AUBERT.

Nous Daniel Nicolas, officier de la légion d'honneur, premier président de la Cour impériale de Riom, certifions que la signature ci-contre apposée est bien celle de M. Aubert, greffier en chef de ladite Cour, et que foi doit y être ajoutée.

Fait en notre hôtel à Riom le treize septembre mil huit cent cinquante-cinq.

NICOLAS.

Il y a ici une erreur relativement au nom de Sarre, c'est Daire qu'il faudrait.

Contrat de Mariage de JEAN FRANÇOIS DE LHOPITAL *et de* MADELEINE BIDON.

(Expédition authentique.)

Par-devant les notaires de la ville de Riom, soussignés, ont été présents :

Jean-François de Lhopital, fils majeur de défunt François de Lhopital, et de Magdeleine Duverdier, citoyen habitant du lieu de Deyre, paroisse de Luzillat, canton de Maringues, d'une part ;

Et demoiselle Magdeleine Bidon, fille de Gilbert Bidon, citoyen, et de dame Magdeleine Clermonteix, d'âge suivant les décrets, habitante de cette ville de Riom, d'autre part.

Lesquels dits Jean-François de Lhopital, et mademoiselle Magdeleine Bidon, de leur gré, ont promis se prendre en mariage à la première réquisition l'un de l'autre.

En faveur duquel mariage ladite demoiselle Bidon se constitue en tous et chacun les biens et droits qui pourront lui échoir tant en successions directes que collatérales ou autrement, donnant pouvoir au futur d'en faire la recherche, et de recevoir le mobilier sous sa quittance.

Le survivant des conjoints aura pour lui tenir lieu de gains nuptiaux, la jouissance des biens qui se trouveront appartenir au premier mourant en cas de non enfants du présent mariage, et en cas d'enfants ladite jouissance sera réduite à la moitié, et en cas de convol de la part du survivant, ladite jouissance n'aura lieu que pour un quart des biens du prémourant ; si mieux la future en cas de survie n'aime prendre sur les biens de son mari un douaire de la somme de six cents livres chaque année qui lui sera payé sans aucune retenue légale, moitié de six en six mois et par avance pendant sa vie en cas de non enfants, et en cas d'enfants pendant sa viduité seulement, comme aussi prendre son habitation meublée et ustensilée suivant son état et condition dans la maison du futur, laquelle elle ne pourra prétendre que pendant ledit temps de sa viduité.

A l'entretenement et exécution de ce que dessus, les parties ont chacune en droit sois obligé tous leurs biens présents et à venir, et demeurera la future saisie et nantie de biens du futur et en fera les fruits siens jusqu'à l'entière restitution de la dot de la future et paiement de ses gains, et sera tenu le futur, à mesure qu'il recevra des biens de la future, de lui en donner reconnaissance. Car ainsi etc., obligeant etc. Fait et passé à Riom, étude de Verny, l'un des notaires soussignés, en présence de dame Gabrielle Debard, épouse de François de Lhopital, demeurant audit lieu de Deyre, belle-sœur du futur, soussignée avec lesdits futurs époux, le quinze juillet mil sept cent quatre-vingt-treize, après midi, l'an second de la République.

Déclarant le revenu du futur de cent quarante livres.

A la minute sont les signatures.

On lit ensuite :

Enregistré à Riom le vingt-trois juillet, mil sept cent quatre-vingt-treize, l'an deuxième de la République française. Reçu neuf livres, six sols, huit deniers, renvoye à l'événement les dispositions éventuelles, signé Dalbignat, receveur. Sauf à augmenter ou diminuer lors de la confection des rôles mobiliers et cote d'habitation.

(Signé :) DALBIGNAT, receveur.

L'an mil huit cent soixante-un et le 14 janvier, collation des présentes a été faite par Me Henri Pirel, notaire à Riom, sur la minute en son pouvoir comme successeur immédiat de Me Pierre-Michel Kreuter, notaire à la même résidence, qui avait succédé à M. Pierre-Jean Verny, fils et successeur de Me Verny, rédacteur de l'acte, et délivrance de la présente expédition a été faite à Mme veuve de La Faye, fille des époux, sur sa réquisition expresse.

Collationné. H. PIREL.

Vu par nous président du tribunal civil de Riom pour légalisation de la signature de Me Pirel, notaire à Riom.

Riom, le 22 janvier 1861. L. LABROSSE.

Contrat de Mariage de Magdeleine-Zoé DE LHOPITAL *et de* Jacques-Jean-Marie DE LA FAYE DES PALISSARDS.

(Expéditions authentiques.)

Par devant Jean-René Cailhe et son collègue, notaires royaux résidents en la ville de Riom, soussignés.

Ont comparu :

M. Jacques Emmanuel Joseph de La Faye des Palissards, ancien magistrat, et dame Marie Bougarel-Marmagne, son épouse, de lui autorisée, et sous leur autorité, congé et licence, M. Jacques-Jean-Marie de La Faye des Pallissards, leur fils majeur, propriétaire, habitant de la ville de Gannat,

Mondit sieur de La Faye des Palissards autorisé comme dessus. Futur époux, d'une part :

Et demoiselle Sophie-Magdeleine-Zoé de Lhopital, fille majeure de M. Jean-François de Lhopital jeune, écuyer, et de défunte dame Magdeleine Bidon, habitante de cette ville de Riom, autorisée par son père absent, mais représenté par M. Antoine-Joseph R. Devaure, receveur de l'enregistrement, habitant de cette ville de Riom, suivant sa procuration du seize du courant reçu Boudet, notaire à Maringues, enregistrée le huit, laquelle demeurera annexée à la minute des présentes, après avoir été signée et certifiée véritable par mondit sieur R. Devaure. Lesquelles parties de leur gré et de l'avis de leurs parents et amis ci-assemblés, ont dit avoir arrêté le mariage entre ledit sieur de La Faye des Palissards, fils, et ladite demoiselle de Lhopital qui s'accomplira à la première requisition de l'une des parties, les formalités prescrites par la loi et les cérémonies de l'Eglise catholique préalablement observées.

En faveur duquel mariage et pour aider à en supporter les charges, les parties ont fait les pactes et conventions qui suivent.

ARTICLE PREMIER.

Les futurs déclarent se marier sous le régime dotal, il y aura néanmoins entre eux société d'acquêts à faire pendant le mariage, conformément à l'article 1498 du Code civil, et sans confusion de part ni d'autre, la future se réserve aussi expressément le droit de vendre et aliéner tous ses immeubles sous l'autorisation de son mari, à la charge par ce dernier de faire de suite remploi en fonds certains bien et dûment garantis, lesquels fonds sortiront à la demoiselle future épouse, nature de biens dotaux et inaliénables.

ARTICLE DEUX.

Les père et mère du futur instituent ledit sieur futur époux leur héritier général et universel de tous les biens meubles et immeubles dont ils mourront vêtus et saisis conjointement et par égale portion avec leurs autres enfants.

Article trois.

En avancement d'hoirie de leurs futures successions, les père et mère du futur promettent et s'obligent de lui payer une somme de vingt mille francs ; savoir : moitié au premier février prochain et l'autre moitié un an après, ensemble l'intérêt au taux légal pour le second paiement seulement.

Article quatre.

La demoiselle future épouse se constitue en tous les biens meubles et immeubles qui lui sont échus par le décès de sa mère, de ses grand-père et grand'mère, ainsi qu'ils résultent et se trouvent constatés soit par les partages qui ont eu lieu, soit par le testament de dame Magdeleine Clermonteix, grand'mère maternelle de la demoiselle future, elle se constitue pareillement tous les biens qui lui sont échus par le décès de sieur Gilbert Bidon, son oncle, ainsi qu'ils résultent et se trouvent également constatés, soit par le jugement contenant partage des immeubles de la succession dudit Gilbert Bidon rendu par le tribunal civil de première instance de Riom du huit du présent, soit par le procès-verbal de compte relativement à la même succession, dressé le 14 dudit mois par Cailhe, notaire soussigné, suivi d'homologation par jugement du seize même mois.

Plus la demoiselle future épouse se constitue un trousseau évalué à la somme de deux mille francs, sans que l'estimation puisse valoir vente au profit du futur qui reconnaît l'avoir reçu et dont la célébration du présent mariage tiendra lieu de quittance.

Article cinq.

La future survivante retirera son trousseau, ensemble tous les meubles, bijoux et dentelles à son usage, et tout ce dont elle se trouvera saisie de bonne foi, et dans le même cas de survie le futur retirera ses habits, linges et meubles à son usage.

Article six.

Et pour tenir lieu de tous autres gains et avantages matrimoniaux, les futurs se font mutuellement donation de la jouissance de tous leurs biens au profit du survivant sans être tenu par le survivant de donner caution.

A l'exécution des présentes, les parties ont chacune en droite foi obligé leurs biens présents et à venir.

Fait et lu aux parties, à Riom, maison de mademoiselle Bidon, tante de la future et en sa présence.

Et encore en présence de :

Messieurs Marien-Ambroise de Montagné, cousin du futur ;

Jean-Michel Paillard, conservateur des hypothèques, son cousin-germain ;

Annet-Gabriel Hypolite Paillard, aussi cousin ;

Philippe-Nicolas Gosset ;

Amable d'Arnoux, chevalier de Saint-Louis ;

Le baron Jean Grenier, premier président de la Cour royale et chevalier de l'ordre royal de la légion-d'honneur ;

Pierre Desmarets, chevalier de Saint-Louis ;

Léonard-Guillaume Bernet, avocat ;

Pierre Pommerol, prêtre ;

Jacques Dorel, chevalier de Saint-Louis et de l'ordre de Malte, ancien capitaine d'infanterie ;

Pierre Bidon de Villemonteix, chevalier de Saint-Louis ;

Annet Combaud, docteur en médecine ;

Augustin-Amable-Anne Dutour de Salvert, sous-préfet ;

Antoine de Gromond, conseiller près la Cour royale de cette ville ;

Antoine-Amable de Combes, substitut au parquet ;

Charles Rochefort, médecin ;

Philippe Deschamps, prêtre et curé ;

Tous amis communs des parties, lesquels et les parties ont signé avec nous et notre collègue,

Le vingt-un août mil huit cent vingt.

A la minute sont les signatures :

De La Faye, de Lhopital, Bougarel de La Faye, de La Faye des Palissards, R. Devaure, Bidon de Villemonteix, Bidon, Paillard, le chevalier d'Aurelly, Montanier, Paillard, Grenier, Dutour de Salvert, Farradesche Gromont, Deschamps, curé, A.-A. de Combes, Pommeyrol, prêtre, Ch. Rochefort, Rollet Desmarais, chevalier de Saint-Louis, Bernet-Rollande, le baron d'Arnoux, chevalier de Saint-Louis, Gosset, Combaud, Mayet et Cailhe, ces deux derniers notaires.

En marge est écrit :

Enregistré à Riom le vingt-huit août mil huit cent vingt, folio 60, recto, case 3. Reçu pour le contrat cinq francs, pour la constitution de dot cent vingt-cinq francs, pour la donation mutuelle cinq francs, et pour dixième treize francs cinquante centimes.

(Signé :) DEVAURE, *receveur*.

Suit la procuration :

Par-devant Jean Boudet et son collègue, notaires royaux du canton de Maringues, résidants en la ville de Maringues, soussignés ;

A comparu :

M. Jean François de Lhopital jeune, écuyer, habitant de la ville de Maringues.

Lequel, de gré, a fait, créé et constitué pour son procureur général et spécial, la personne de M. Antoine Joseph R. Devaure, receveur de l'enrégistrement, habitant de la ville de Riom.

Auquel il donne plein et entier pouvoir de, pour lui et en son nom, comparoir au contrat de mariage qui doit avoir incessamment lieu entre demoiselle Sophie Magdeleine Zoé de Lhopital, sa fille, et de défunte dame Magdeleine Bidon, avec M. Jacques-Jean-Marie de La Faye des Palissards, fils de sieur Jacques-Joseph Emmanuel, et de dame Marie Bougerelle Marmagne, ses père et mère, habitant de la ville de Gannat, l'y autoriser; assister aussi à l'acte civil de mariage qui doit être dressé entre ladite demoiselle de Lhopital et ledit sieur de La Faye par tout officier public de l'état civil, y donner tous consentement et autorisation en pareils requis et nécessaires, de la conduire ladite demoiselle Zoé de Lhopital au pied des autels, l'y autoriser à recevoir la bénédiction nuptiale qui lui sera donnée et audit sieur de La Faye par tous prêtres catholiques, signer tous actes, et faire pour parvenir audit mariage tout ce que ledit sieur de Lhopital père pourrait faire lui-même s'il y était présent, promettant le constituant avoir pour agréable tout ce qui sera fait par le procureur constitué, ne le désavouer en rien, mais au contraire l'approuver.

A quoi faire le constituant oblige ses biens.

Dont acte.

Fait et passé à Maringues, étude de nous Boudet, notre collègue présent, tous deux soussignés avec le constituant.

Le six août mil huit cent vingt, lecture faite.

Au brevet sont les signatures :

Lhopital, le jeune, V. Giat et Boudet, ces deux derniers notaires.

En marge se trouvent les mentions suivantes.

Enregistré à Maringues le huit août mil huit cent vingt, folio 27, verso, case 7. Reçu deux francs vingt centimes, dixième compris.

(Signé :) illisiblement.

Je certifie la présente véritable.

(Signé :) R. DEVAURE.

L'an mil huit cent soixante-un et le douze janvier, collation des présentes a été faite par M⁰ François Jusseraud, notaire à Riom, soussigné, sur la minute des présentes étant en sa possession comme dépositaire des minutes de M⁰ Amat, notaire à Riom, en vertu d'un décret du vingt-quatre juin mil huit cent cinquante-un ; ledit M⁰ Amat successeur médiat de M⁰ Cailhe, ancien notaire à Riom.

JUSSERAUD.

Vu par nous président du tribunal civil de première instance de Riom (Puy-de-Dôme), pour légalisation de la signature de M⁰ Jusseraud, notaire à Riom.

Riom, le 22 janvier 1861.

L. LABROSSE.